Supplément

AU MANUEL D'INFANTERIE.

—

INSTRUCTION

SUR LE TIR DU FUSIL,

L'ENTRETIEN

ET LA

CONSERVATION DES ARMES.

Imprimerie de COSSE et G.-LAGUIONIE,
rue Christine, 2.

Supplément

AU MANUEL D'INFANTERIE.

—

INSTRUCTION

SUR LE

TIR DU FUSIL,

ET LA

CONSERVATION DES ARMES,

La manière de les monter et de les démonter,
la confection des Cartouches à fusil, la composition de la Cire à giberne et à fourreaux,
la préparation de la Graisse pour les fusils et
l'entretien des Guêtres en cuir, etc.;

Suivi des principes du tir à la cible.

PARIS.

LIBRAIRIE MILITAIRE DE G.-LAGUIONIE,
(Maison ANSELIN),
Rue et Passage Dauphine, n. 36.

—

1840.

Supplément
AU MANUEL D'INFANTERIE.

INSTRUCTION
SUR LE TIR DU FUSIL,
L'ENTRETIEN
ET LA
CONSERVATION DES ARMES.

La conservation des armes, les effets qu'elles produisent, dépendent, en grande partie, des connaissances pratiques que les soldats ont acquises sur la manière de les soigner et de s'en servir. Cette partie de l'instruction des troupes doit donc attirer la plus sérieuse attention.

Pour mettre les officiers en état de la diriger convenablement, plusieurs ouvrages ont été composés et sont déjà entre leurs mains.

Ils contiennent beaucoup de notions utiles sur l'entretien des armes et sur le tir du fusil; mais, d'une part, quelques inexactitudes reconnues dans certaines assertions, et, de l'autre, les changements introduits dans les modèles, ont rendu nécessaire un nouveau travail sur cette matière.

On a réuni dans un volume, réduit autant que possible, et sous le titre de *Supplément au Manuel de l'infanterie :*

La nomenclature des armes employées par les troupes à pied, et les dessins qui en indiquent les formes ;

Les moyens de les entretenir ;

Les précautions à prendre pour ne pas les dégrader ;

Les principes du tir ;

La manière de faire les cartouches.

Ces objets sont traités, suivant l'ordre dans lequel on vient de les indiquer, dans cinq chapitres différents.

Les trois premiers chapitres et le cinquième doivent être plus particulièrement enseignés aux soldats et aux sous-officiers ; il est essentiel que ces derniers surtout aient une connaissance complète de tous les détails qui y sont contenus.

Les officiers doivent s'attacher principalement à l'étude des principes du tir exposés dans le quatrième chapitre, et se mettre en état d'en faire faire l'application par les soldats, dans les exercices et devant l'ennemi.

Les résultats pratiques présentés dans ce chapitre diffèrent beaucoup de ceux que l'habitude a admis jusqu'à ce jour, mais que l'observation des faits était loin de confirmer. Ils sont déduits d'une série d'expériences exécutées récemment, d'après les ordres du ministre de la guerre.

Les corps étant chargés de confectionner eux-mêmes une partie des munitions qu'ils emploient dans les exercices, on a consacré le cinquième chapitre à la manière de faire les cartouches à fusil; la connaissance de ces détails pouvant d'ailleurs être très utile dans plusieurs circonstances.

CHAPITRE PREMIER.

NOMENCLATURE.

FUSIL D'INFANTERIE

CANON.—*Planche* 1re.

Fig. 1re, Canon.

1. Bouche du canon.
2. Tenon destiné a fixer la baïonnette sur le canon.
3. Devant du canon.
4. Tonnerre, partie renforcée contenant la charge.
5. Lumière.

Fig. 2. Culasse destinée à former l'orifice inférieur du canon, en se vissant dedans.

1. Queue de culasse.
2. Bouton taraudé.

Dans le modèle de 1777, il y a une encoche pour la communication du feu de l'amorce avec la charge.

3. Talon.
4. Echancrure pour le passage de la grande vis du milieu de la platine.
5. Trou pour le passage de la vis de culasse, assujettissant le canon par le bas.
6. Vis de culasse : la tête est fraisée en dessous, suivant le trou de la queue de culasse.

PLATINE.—*Planche 1re.*

Fig. 3. Platine, garnie de ses pièces, vue par dehors.

Fig. 4. Platine, garnie de ses pièces, vue par dedans.

Fig. 5. Corps de platine, vue par dedans. Il sert à assembler les vingt pièces qui composent la platine.

1. Devant du corps.
2. Milieu.
3. Queue.
4. Trou de la vis ou ressort de batterie.
5. Trou du pivot du ressort de batterie.
6. Trou de la vis de batterie.
7. Trou de l'arbre de la noix.
8. Trou de la vis de la bride de la noix.
9. Trou du pivot de la bride.
10. Trou de la vis de gâchette.
11. Trou du ressort de la vis de gâchette.
12. Echancrure ou encastrement du bassinet.

13. Trou de la vis du bassinet.
14. Trou de la vis du grand ressort.
15. Trou pour le pivot du grand ressort.
16. Trou de la grande vis du milieu.
17. Trou de la grande vis du devant.
18. Bouterolle servant d'écrou pour la grande vis du milieu. Elle est destinée à ajuster la platine contre le canon.
19. Rempart servant d'écrou pour la vis de batterie. Il est destiné à ajuster la platine contre le canon.
20. Mortaise pour le tenon du ressort de gâchette.

Fig. 6. **Bassinet.**

1. Fraisure.
2. Queue du bassinet.
3. Trou de la vis qui fixe le bassinet au corps de platine.
4. Entablement, plan supérieur sur lequel s'applique la batterie.
5. Bride du bassinet, percé pour donner le passage à la vis de batterie.
6. Rempart du bassinet. Il sert à ajuster le bassinet au corps de platine.
7. Garde-feu.
   Dans la platine modèle de 1777 corrigé, il n'y a pas de garde-feu.
7. Vis de bassinet. Elle sert à fixer cette pièce au corps de la platine.

Fig. 7. **Batterie.** Elle ferme le bassinet, et elle produit, par le choc de la pierre, les étincelles qui doivent communiquer le feu à la poudre.

1. Face.
2. Dos.
3. Table.
4. Trousse ou talon pour arrêter le mouvement de la batterie.
5. Pied qui roule sur le ressort quand la batterie est mise en mouvement.
6. Trou de la vis de batterie.
7. Vis de batterie.

Fig. 8. **Ressort de batterie. Il sert à fermer le bassinet, en appuyant sur le pied 5 de la batterie; il sert aussi à tenir la batterie renversée, lorsque le bassinet doit rester ouvert.**

1. Trou dans lequel passe la tige de la vis du ressort.
2. Pivot du ressort de batterie.
3. Grande branche ou branche mobile.
4. Petite branche.
5. Vis du ressort de batterie.

Fig. 9. Chien.

1. Trou pour recevoir le carré de la noix.
2. Arrière ou cul du chien.
3. Le ventre.
4. La sous-gorge.
5. Le cœur ou l'anneau.
6. Le dos.
7. La mâchoire inférieure.
8. La crête, destinée à empêcher la mâchoire supérieure de tourner, quand elle est serrée sur la pierre par la vis.
9. Espalet ou support. Il sert à arrêter le chien, quand la pierre a cessé de frapper.

10. Mâchoire supérieure du chien.
11. Vis du chien : sa tête est arrondie, fendue et percée.
12. Vis de noix, appelée improprement clou du chien.

Fig. 10. Noix, vue de deux manières ; la première de côté, et la seconde en dessus. La noix est une des principales pièces de la platine : elle communique son mouvement au chien, auquel on la fixe par son carré et sa vis.

1. Pivot qui entre dans la bride de noix.
2. Griffe sur laquelle s'appuie celle du grand ressort.
3. Cran du repos.
4. Cran du bandé, pour armer la platine.
5. Arbre. Il tourne dans le trou 7 du corps de platine.

. Carré qui est au bout de l'arbre, pour entrer dans celui du chien. Ce carré est taraudé pour la vis de noix, qui empêche le chien de se détacher de la noix.

Fig. 11. Bride de noix. Elle maintient la noix parallèlement au corps de platine.

1. Trou du pivot de la noix.
2 Trou de la vis de bride.
3. Trou de la vis de gâchette.
4. Pivot de la bride qui entre dans le trou 9 *fig*. 5.
5. Vis de la bride de noix.

Fig 12. Gâchette. Elle sert à maintenir le chien au repos et au bandé.

1. Bec : la pression du ressort de gâchette le fait entrer dans les crans de la noix, quand on porte le chien en arrière.
2. Queue. Elle sert à faire partir le chien quand on appuie dessus par le moyen de la détente.
3. Trou de la gâchette.
4. Vis de gâchette. Elle passe dans les trous 3 de la bride de noix et de la gâchette, et est arrêtée dans le trou 10 du corps de platine.

Fig. 13. Ressort de gâchette, qui presse sur la gâchette et la fait appuyer contre la noix.

1. Petite branche.
2. Trou de la vis.
3. Tenon.
4. Grande branche.
5. Vis du ressort de gâchette.

Fig. 14. Grand ressort. Il sert à abattre le chien.

1. Grande branche.
2. Griffe qui presse sur la noix pour abattre le chien.
3. Petite branche.
4. Trou de la vis dans la patte du grand ressort.
5. Pivot du grand ressort.
6. Vis du grand ressort.

Fig 15 Pierre. On la fixe entre les mâchoires du chien, pour obtenir le feu en la faisant frapper sur la batterie. Cette pierre doit être enveloppée d'une feuille de plomb laminé, *fig*. 16, pour l'empêcher de glisser, ou de se casser par la pression des mâchoires.

1 Mèche ou tranchant.
2 Flancs ou bords latéraux.
3 Talon.
4 Dessous.
5. Dessus ou assise.

Nota. Les platines des autres armes à feu portatives, ne diffèrent de celles du fusil que parce qu'elles sont plus faibles en dimensions.

GARNITURES.—*Planche II.*

Fig. 1re. Embouchoir.

1. Entonnoir pour le passage de la baguette.
2. Bande ou barre supérieure.
3. Bande ou barre inférieure, sur le milieu de laquelle est brasé le guidon.
4. Guidon en cuivre sur les embouchoirs en fer, et en fer sur les embouchoirs en cuivre. Il a la forme d'un grain d'orge, et sert pour viser.

Fig. 2. Grenadière, ou boucle du milieu.

1. Pivot.
2. Battant ajusté sur le pivot derrière la boucle.
3. Clou rivé fixant le battant sur le pivot.

Fig. 3. Capucine.

1. Bec coupé carrément.

Fig. 4. Ressorts de garniture en acier.

1. Crochet pour arrêter la capucine et la grenadière.
2. Goupille qui traverse le bois sans le déborder.
3. Pivot pour retenir l'embouchoir.

Fig. 5. Porte-vis, contre-platine ou esse. Il a la forme d'un *S*, et ses deux bouts sont percés pour recevoir les grandes vis de platine.

Sous-garde. C'est l'assemblage de la pièce de détente ou écusson du pontet et de la détente.

Fig. 6. Pièce de détente.

1. Taquet pour recevoir le bout de la baguette.
2. Fente pour le passage de la queue du battant.
3. Bouterolle dans laquelle se fixe la vis de culasse.
4. Fente pour le passage de la détente.
5. Ailettes.
6. Vis qui fixe la détente.
7. Fente pour le passage du crochet à bascule du pontet.
8. Embase pour le nœud postérieur du pontet.
9. Elévation qui, avec le nœud postérieur du pontet, servent à tenir solidement l'arme dans la main droite.
10. Trou pour la vis à bois de sous-garde. Dans le fusil modèle de 1777 corrigé, les ailettes et la vis qui fixe la détente n'existent pas ; cette pièce est soutenue par une goupille qui traverse le bois.

Fig. 7. Pontet de la sous-garde ; pièce destinée à garantir la détente.

1. Partie supérieure, dont la largeur va en di-
minuant jusqu'aux nœuds.
2. Nœud antérieur.
3. Fente pour recevoir la queue du battant.
4. Nœud postérieur, qui porte au-dessous de
son embase un crochet de même longueur et
largeur que la fente pratiquée à la pièce de
détente pour le recevoir.
5. Crochet à bascule.

Fig. 8. Détente. Sert à faire partir la gâchette.

1. Trou de la vis, qui sert à la fixer entre les
ailettes.

Dans le modèle de 1777 corrigé, ce trou sert
au passage de la goupille qui traverse le
bois.

2. Partie sur laquelle on appuie le doigt pour
tirer.

Fig. 9. Battant de sous-garde ou d'en bas.
Il est conforme à celui de la grenadière; ils servent à porter le
fusil en bandoulière.

1. Queue qui traverse le devant du pontet et de
l'écusson.
2. Trou de la goupille qui le fixe sur le bois.
3. Goupille, petite cheville en acier, servant à
fixer le battant de sous-garde. Elle est coni-
que, et a une tête qui la retient du côté de
l'encastrement de la platine.

Dans le modèle de 1777 corrigé, cette goupille
est cylindrique. Il y en a une autre, aussi
cylindrique, pour la détente.

Fig. 10. Plaque de couche. Elle est assujet-
tie par deux vis à bois.

Fig. 11. Grandes vis. Traversent le porte-vis, le bois, et affleurent la partie extérieure du corps de platine. Dans toute vis on distingue :

1. La tige.
2. La tête.
3. La fente.
4. Les filets ou la partie taraudée.

Fig. 12. Vis à bois. La tête est arrondie en goutte de suif, et fraisée en dessous ; la tige est taraudée dans toute sa longueur.

Fig. 13. Baguette.

1. Tête en forme de poire.
2. Bout taraudé pour fixer le tire-bourre.

Fig. 14. Ressort de baguette, à feuille de sauge, servant à retenir la baguette dans son canal, et fixé par une goupille.

Fig. 15. Monture. Bois dégarni de toutes les autres parties du fusil.

1. Fût ou devant.
2. Busc.
3. Crosse pour appuyer contre l'épaule.
4. Poignée.
5. Joue ; évidement dans la crosse, pour placer la joue.
6. Embase de la capucine.
7. Logement du canon.
8. Canal de la baguette.
9. Encastrement de la platine.

Fig. 16. Tire-balle ou tire-bourre.

1. Tête taraudée pour recevoir le bout de la baguette.
2. Branches spirales.
3. Branche droite à filets allongés.

Fig. 17. Baïonnette. (*Planche 1.*)

1. Douille.
2. Fente pour le passage du tenon.
3. Virole pour assujettir la baguette au tenon.
4. Rosette de la virole : celle du côté du coude (la virole ayant le pontet en dessus de la fente) est taraudée.
5. Vis qui serre les rosettes.
6. Etouteau qui borne le mouvement de la virole.
7. Coude : il est en fer, ainsi que la douille.
8. Lame triangulaire en acier.

Fig. 18. Fourreau de baïonnette, en peau de vache. (*Planche 1.*)

1. Entrée du fourreau.
2. Patte ou tirant en buffle.
3. Bout en cuivre.
   Dans le modèle de 1777 corrigé, le bout est en fer.

FUSIL DE VOLTIGEUR.

Le fusil du voltigeur ne diffère du fusil d'infanterie que par le canon, qui est plus court de 0^m,036 (2 pouces).

Ce fusil de voltigeur, ou fusil de dragon, modèle de l'an 9, ne diffère du fusil d'infanterie, modèle de 1777 corrigé, que par sa longueur et la grenadière, figure 17, planche 11.

1. Deux anneaux qui ont la forme du canon avec le fût.
2. Bande qui réunit les anneaux, et dont l'extrémité supérieure est recourbée en dehors, pour faciliter le passage de la baguette.
3. Pivot.

Le battant est conforme à celui du fusil d'infanterie.

FUSIL D'ARTILLERIE.

Le fusil d'artillerie ne diffère du fusil d'infanterie que par les dimensions, qui sont plus faibles, et par les garnitures, qui sont en cuivre : son canon a 0m,92 (34 pouces).

SABRE D'INFANTERIE.

MODÈLE 1831.

Lame droite à deux tranchants, non évidée, la pointe en langue de carpe.
Corps : talon, fort, faible, méplat, tranchant, biseau, pointe, arêtes du milieu.
Soie : Sa rivure en clou de chaudière.
Monture : D'une seule pièce sans branche.
Pommeau : Bouton demi-olive, trou pour la soie.
Poignée : Gorges, collet, cordons, cloison intérieure.
Croisière : Extrémités arrondies et leurs gorges, entrée ou trou pour la soie.

Fourreau : La chape a une entrée et les bavettes sont supprimées.

CHAPITRE II (1).

DÉMONTAGE ET REMONTAGE.

ORDRE SUIVANT LEQUEL ON DOIT DEMONTER LE FUSIL D'INFANTERIE.

1. La bretelle.
2. La baguette.
3. La baïonnette.
4. Les deux grandes vis de platine.
5. Le porte-vis.
6. La platine.
7. La goupille du battant de sous-garde.
8. Le battant de sous-garde.
9. Le pontet.
10. L'embouchoir.
11. La grenadière.
12. La vis de culasse.
13. La capucine.
14. Le canon (2).

---

(1) Ce chapitre a été remplacé par le tableau qui suit, publié en mars 1837 ; ce tableau doit être collé sur toile et mis entre les mains des soldats aux frais de la masse générale d'entretien, à raison d'un exemplaire par escouade. Il contient trois parties distinctes, savoir : le démontage et remontage, le nettoyage et le graissage.

(2) Pour détacher le canon, renverser l'arme

2.

15. La vis de sous-garde.
16. L'écusson.
17. La vis de détente.
18. La détente.

ORDRE SUIVANT LEQUEL ON DOIT DÉMONTER LA PLATINE, LE CHIEN ÉTANT ABATTU.

1. La vis du grand ressort.
2. Le grand ressort (1).
3. La vis du ressort de gâchette (2).
4. Le ressort de gâchette.
5. La vis de gâchette.
6. La gâchette.
7. La vis de bride.
8. La bride.
9. La vis de noix.
10. La noix (3).
11. Le chien.
12. La vis de batterie (4).

---

dans la main gauche, la sous-garde en dessus, la bouche du canon vers la terre; frapper avec la main droite sur la poignée jusqu'à ce que le canon soit dégagé de son canal, et le maintenir avec les doigts de la main gauche jusqu'à ce que la main droite l'enlève tout-à-fait.

(1) On l'ôte à l'aide d'une pression qu'on fait avec le monte-ressort : on le remet par une opération inverse, quand il s'agit de remonter la platine.

(2) Avant de la retirer entièrement, on frappe sur le cul du ressort, de manière à faire sortir le pivot de son encastrement.

(3) Il faut la repousser avec le chasse-noix.

(4) Avant d'ôter la vis de batterie, on fait une

13. La batterie.
14. La vis du ressort de batterie.
15. Le ressort de batterie.
16. La vis du chien.
17. La mâchoire.

On remonte le fusil et la platine dans un ordre inverse, c'est-à-dire en commençant par les derniers numéros.

Pour reconnaître les vis de la platine, on observera que la vis du chien a la tête percée, celle du bassinet a la tête fraisée, celle de la noix a la tête d'un plus grand diamètre que les autres ; les six autres vis suivent cet ordre de longueur, en commençant par la plus courte :

1. Vis du grand ressort.
2. Vis du ressort de gâchette.
3. Vis de bride.
4. Vis du ressort de batterie, à peu près égale en longueur à la précédente.

---

pression sur le ressort de batterie avec le monte-ressort, en ayant soin de le placer de manière que l'encoche de la barrette soit en dessous du trou de la vis du ressort.

Nota. En démontant la platine, la pression du monte-ressort doit être arrêtée aussitôt que le chien ou la batterie peut ballotter, et quand on la remonte il faut que la pression du monte-ressort soit analogue, c'est-à-dire qu'il suffit de rapprocher assez les branches pour que les ressorts puissent être remis en place, le chien étant abattu et la batterie reposant sur le bassinet.

5. Vis de gâchette.
6. Vis de batterie.

Les deux grandes vis de platine ont même grosseur, mais ne sont pas égales en longueur. Celle du devant est la plus longue : elle a une petite entaille à son extrémité, qui sert à la faire reconnaître.

En remontant la platine, on doit mettre toutes les vis à fond, sans trop les serrer, surtout celle de la gâchette et de la batterie, afin de ne pas gêner le mouvement de ces pièces, ce dont on s'assurera en faisant marcher la platine.

La plaque de couche, les ressorts de garnitures et la bague de la baïonnette, doivent toujours être nettoyés en place.

Le nettoyage du bassinet se fera aussi toujours sans le démonter; seulement, et pour plus de facilité, après un exercice à feu, on démontera la batterie et son ressort.

Les soldats ne doivent démonter les pièces de la platine, ni ôter la sous-garde, que sur l'ordre d'un sous-officier, qui fait exécuter cette opération lorsqu'il la juge nécessaire (art. 54 du règlement), ce qui ne doit avoir lieu que très rarement.

On ne doit démonter la culasse que pour retirer une balle qui se trouverait forcée dans le canon; et, dans ce cas, cette opération ne doit être exécutée que par le maître armurier.

Le plomb qui enveloppe la pierre doit avoir peu d'épaisseur, et ne jamais déborder les mâchoires du chien. Le biseau de la pierre doit être placé en dessus, et son tranchant parallèle à la face de la batterie. Lorsqu'une pierre est émoussée, on rétablit le tranchant en frappant sur le bord supérieur du biseau avec le fond de la boîte du nécessaire, à petits coups, et en soutenant la pierre avec l'index de la main gauche, pour ne pas détacher de trop gros éclats. Quand elle est assez usée pour ne dépasser que d'environ trois lignes les mâchoires du chien, il faut l'avancer, s'il est possible, ou bien la remplacer.

NETTOYAGE (1).

PIÈCES EN FER.

Lorsque les pièces seront fortement rouillées, on emploiera pour les nettoyer de l'émeri pulvérisé et de l'huile d'olive ; on frottera avec des curettes de bois tendre ou des brosses rudes. A défaut d'émeri, on se servira de grès pulvérisé, tamisé et humecté d'huile ; pour des taches légères, on fera

---

(1) Il est expressément défendu de nettoyer les armes sur les lits et de se servir des draps et couvertures pour les essuyer. (Circulaire du 31 décembre 827.)

usage de brique brûlée, pulvérisée, tamisée et humectée d'huile.

Lorsqu'on opèrera sur le canon ou sur la lame du sabre, on les posera à plat sur un banc ou sur une table, pour les empêcher de se courber.

On essuiera toutes les pièces avec un linge, et on aura l'attention de ne jamais laisser dans les trous des vis de l'émeri, de la brique, ni d'autres substances.

Le poli brillant, ayant l'inconvénient de détériorer les armes, est prohibé.

PIÈCES EN CUIVRE.

On nettoiera le cuivre avec du tripoli ou de la brique pilée et un peu de vinaigre ou d'eau-de-vie. On frottera chaque pièce avec un linge ou un morceau de drap, et non avec une brosse ou une curette. On aura soin de ne jamais les graisser.

OBJETS NÉCESSAIRES POUR L'ENTRETIEN DES ARMES.

Chaque soldat devra être pourvu, pour l'entretien de son armement de :

Un tire-balle. (1)

---

(1) Le ministre a décidé, le 5 février 1838, l'adoption d'un nouveau modèle de tire-balle, dont l'usage sera restreint à un par escouade.

Ce tire-balle restera, ainsi que le monte-res-

Un nécessaire d'armes complet.

Une pièce grasse ou morceau de drap carré de six pouces de côté.

Un morceau de vieux linge.

Deux petites boîtes en fer-blanc, l'une pour la graisse, l'autre pour la cire à giberne et à fourreau de sabre (1).

Une petite brosse douce à manche (2).

Un tampon pour mettre au bout du canon, et, autant que possible, une baguette de bois pour nettoyer l'intérieur du canon.

Des curettes de bois tendre ou des brosses rudes.

Tous les objets indiqués ci-dessus doivent être placés sur le lit avec les armes, le samedi, pour qu'on en fasse la visite. Le canon et la platine sont détachés du bois, et le sabre est hors du fourreau.

---

sort, sous la responsabilité de l'escouade, qui ne devra s'en servir que lorsque ceux dont elle continuera à être pourvue, seront insuffisants pour des opérations difficiles.

Les corps feront la demande de ces tire-balles dans la forme prescrite pour les demandes d'armes. (Circul. du 17 mars 1838.)

(1) Ces boîtes sont de forme cylindrique; elles ont 24 lignes de hauteur et 18 lignes de diamètre.

(2) Cette brosse doit être douce, afin que, lorsqu'on s'en sert pour graisser l'intérieur de la platine, elle laisse sur toute la pièce l'onctuosité convenable; cette onctuosité doit être bien apparente.—Douze brosses coûtent 1 franc 50 centimes, chez M. Michaëlis, rue du Faubourg Saint Antoine, n° 174.

Chaque sergent, chef de subdivision, fait marcher la platine pour s'assurer que les ressorts ont assez de force, et que les crans de la noix, ainsi que le bec de la gâchette, sont en bon état, et voit si toutes les pièces de l'arme sont convenablement nettoyées et graissées.

Il examine aussi avec soin chacune des pièces du nécessaire d'armes, *particuliérement la lame du tourne-vis*, et fait connaître au lieutenant, chef de section, celles qui ont besoin d'être réparées ou remplacées. On remonte les armes après que la visite est terminée.

CIRE A GIBERNE, A FOURREAU DE SABRE EN CUIR ET A FOURREAU DE BAÏONNETTE.

Composition (1).

« Pour cinq kilogrammes, quantité suffisant à l'entretien des effets d'une compagnie d'infanterie pendant un an :

Cire blanche (pour mitiger
   l'effet de la cire jaune qui
   est trop grasse). 0,   500
Cire jaune. . . . . 1 kil., 500 gr.

---

(1) Cette cire est la même que la cire à shakos dont la composition a été donnée dans le *Journal militaire*, le 4 juin 1838.

Essence de térébenthine. . . 3,   750
Noir d'ivoire.. 0,   500
Arcanson (espèce de résine
    employée pour obtenir un
    plus beau lustre). . . . 0,   062

TOTAL. . . 6 kil. 312 gr.

MANIÈRE DE PRÉPARER LE CIRAGE.

« On râpe la cire jaune et la cire blanche que l'on met dans un pot, et l'on verse dessus assez d'essence pour que la cire soit entièrement couverte. On laisse reposer cette première préparation vingt-quatre heures : au bout de ce temps, la cire est en dissolution. L'arcanson est ensuite réduit en poudre et soumis, dans un autre vase, à une semblable préparation que celle qu'a subie la cire. (Il faut couvrir les vases pour que l'essence ne s'évapore pas.)

« Les vingt-quatre heures expirées, l'on réunit dans un seul vase les deux dissolutions ; l'on y joint le noir d'ivoire, et l'on remue le tout avec une spatule, en versant de l'essence peu à peu, jusqu'à ce que le mélange soit complet, et que l'on ait obtenu une espèce de pommade assez liquide pour être employée facilement. »

EMPLOI DU CIRAGE.

« Lorsque la giberne (ou tout autre objet

de cuir noir) a déjà été couverte de cire, on doit enlever cette cire avec un instrument peu tranchant; l'on fait usage ensuite de papier de verre, pour faire disparaître les pluches occasionnées par le grattage de la vieille cire; enfin, à l'aide du polissoir, on unit parfaitement l'objet que l'on veut cirer. Il est vrai que le cuir ainsi préparé reste souvent d'une teinte jaune; pour parvenir à le rendre noir, il faut employer, avant d'appliquer le cirage, non de la couperouse, qui n'agit pas toujours assez efficacement, surtout quand le cuir est vieux, mais deux couches de teinture de chapeau; l'effet étant ainsi préparé, il faut le laisser sécher et le frotter ensuite avec un morceau de drap.

« Après toutes ces dispositions, l'on prend un morceau d'encaustique gros comme une noisette, on l'étend sur toutes les parties que l'on veut cirer; on laisse évaporer l'essence pendant vingt-cinq minutes, et, ce laps de temps expiré, on frotte avec un morceau de drap fin et très propre, en ayant soin de le conduire toujours dans le même sens : de cette manière on obtient sans beaucoup de peine un très beau lustre. »

GRAISSAGE.

On se servira, pour graisser les armes, d'huile d'olive et de graisse de mouton, dont on fera un mélange ainsi qu'il est dit ci-après :

MANIÈRE DE PRÉPARER LA GRAISSE.

On prendra une livre d'huile d'olive *de bonne qualité* et une demi-livre de graisse de mouton ; on fera fondre la graisse ; on la fera passer à travers un linge un peu clair, et on la mêlera immédiatement après avec l'huile : on obtiendra une espèce de pommade de couleur blanche, qu'on recouvrira avec soin pour la préserver de la poussière.

EMPLOI DE LA GRAISSE.

Après que l'arme aura été démontée et nettoyée, on prendra chacune des pièces séparément, et on opèrera de la manière suivante :

FUSIL.

Baïonnette et baguette. — Après avoir étendu un peu de graisse sur la pièce grasse, le soldat la passera plusieurs fois dans la douille de la baïonnette, et mettra ensuite une goutte d'huile à la bague ; il frottera aussi la baguette avec la pièce grasse, et particulièrement la partie taraudée.

Canon. — Le canon étant exempt de rouille à l'intérieur comme à l'extérieur, le soldat prendra la baguette de bois, et fixera à l'un des bouts un morceau de linge imprégné de graisse ; il passera plusieurs fois cette baguette dans le canon, et le frottera ensuite extérieurement avec la pièce grasse.

Embouchoir, grenadière et capucine.— Ces pièces devront être graissées intérieurement, comme la douille de la baïonnette.

Platine, porte-vis et grandes vis.— Si la platine est propre et n'a pas été démontée, on se servira, pour la graisser intérieurement, de la petite brosse à manche, sur laquelle on mettra un peu de graisse, on frottera la brosse sur la pièce grasse et on la fera passer plusieurs fois de suite dans l'intérieur de la platine, en ayant soin auparavant de mettre le chien au bandé, pour que les crans de la noix soient bien atteints par la brosse.

Chaque fois qu'on démontera la platine pour la nettoyer, on aura soin, avant de la remonter, de frotter toutes les pièces avec la pièce grasse, et principalement la partie taraudée des vis, l'arbre et le pivot de la noix.

Le dessous du porte-vis sera graissé comme la platine ; les deux grandes vis devront être frottées avec la pièce grasse, ainsi que la vis du chien et la vis de culasse.

Sous-garde. — Lorsqu'un sous-officier aura reconnu que la sous-garde ne peut être nettoyée sur place, le soldat la détachera du bois, il enlèvera la rouille comme à l'ordi-

naire avec un peu d'émeri et d'huile et graissera le dessous de l'écusson ainsi que la détente.

Bois. — On frottera avec la pièce grasse
la partie du bois qui sert de logement au
canon, ainsi que le ressort de baguette ; *on
ne graissera pas l'encastrement de la platine.*

Toutes les pièces de l'arme ayant été pré-
parées comme il vient d'être dit, on les re-
mettra en place et le tampon au bout du canon.

Le graissage qu'on vient d'indiquer devra
être fait tous les samedis. Avant de le commencer, on aura soin d'enlever avec un linge
la graisse qu'on aura mise précédemment
dans l'intérieur de la platine.

Lorsque le soldat devra se servir de son
fusil, il l'essuiera avec un linge sec ; il devra aussi l'essuyer avec soin immédiatement
après qu'il s'en sera servi, de manière à enlever toute humidité aux pièces en fer ; il
passera ensuite la pièce grasse sur ces pièces,
afin qu'elles soient *un peu onctueuses extérieurement ;* cette onctuosité ne devra être
distinguée que par la couleur blanc mat
qu'elle donnera au fer. C'est dans cet état
que l'arme doit toujours être lorsqu'elle est
placée au râtelier de la chambre.

Avant chaque exercice, le soldat mettra
une goutte d'huile au pied de la batterie et à

la bague de la baïonnette, et passera la pièce grasse dans la douille.

Pour les armes déposées dans le magasin du corps, le graissage extérieur doit être un peu plus fort que pour les armes placées dans la chambre.

SABRE.

Lame. — Après que la lame du sabre aura été bien nettoyée, il suffira, pour empêcher qu'elle ne se rouille dans le fourreau, de la frotter de temps en temps avec la pièce grasse.

Fourreau. — Pour entretenir le fourreau on fera usage de la cire dont on a donné la composition, et non de cire dure. Cette dernière, qu'on ne parvient à étendre qu'en la chauffant, forme sur le cuir, qu'elle dessèche, une croûte épaisse, qui s'écaille et coupe le fourreau, ce qui oblige à le mettre hors de service longtemps avant qu'il ait atteint le terme de sa durée.

On aura soin de frotter de temps en temps la couture avec la pièce grasse ou avec un linge imbibé d'huile; on l'essuiera ensuite avec un linge sec. On fera de même pour le fourreau de baïonnette.

Lorsqu'un fourreau en cuir a été mouillé, il faut en retirer la lame et le faire sécher sans le chauffer; après quoi on passe la lame à la pièce grasse avant de la remettre dans son fourreau.

En se conformant à ce qui vient d'être dit sur la manière d'entretenir les armes, on empêchera que les pièces en fer ne se rouillent; l'onctuosité qui recouvrira celles de l'intérieur de la platine ne formera pas, comme l'huile, une espèce de cambouis qu'on ne parvient souvent à enlever qu'en la démontant; les soldats auront très rarement besoin de faire usage du monte-ressort; et ils ne se serviront ordinairement du tourne-vis que pour ôter la vis de culasse et les deux grandes vis de platine, lorsqu'on voudra s'assurer que toutes les pièces de l'arme sont en bon état, et lorsqu'il sera nécessaire de renouveler la graisse.

CHAPITRE III.

PRÉCAUTIONS A PRENDRE POUR NE PAS DÉ-GRADER LES ARMES A FEU PORTATIVES.

L'ordre qu'on vient d'indiquer pour démonter et remonter un fusil est essentiel à suivre, principalement en ce qui concerne les pièces de la platine, plus susceptibles que les autres parties de l'arme de se détériorer; mais indépendamment de l'observation de cet ordre, il convient de prendre les précautions suivantes, sans lesquelles l'arme entre les mains du soldat se dégraderait bientôt.

Pour repousser les goupilles, il faut se servir du chasse-goupille ou d'un poinçon cylindrique dont le diamètre soit un peu moindre que celui des goupilles. Les clous et les autres instruments dont on fait quelquefois usage en agrandissent les trous, ce qui est très nuisible.

Lorsqu'on fait sortir la grenadière et la capucine, il faut, autant que possible, n'avoir recours à aucun outil pour les frapper; elles ne devraient être retenues que par leur ressort, et elles devraient céder à l'effort des deux mains, lorsqu'on exerce avec le pouce une pression sur ces ressorts.

Il faut éviter avec soin de trop serrer les vis, surtout celles de la batterie, parce qu'il en résulte des frottements qui diminuent l'action des ressorts, et par conséquent l'effet de la platine.

On ne doit jamais remettre le grand ressort de platine au feu, comme on le fait quelquefois dans l'intention de le rendre moins dur. Cette pratique est très nuisible; elle détruit l'effet de la trempe, et fait perdre au grand ressort l'activité dont il a besoin pour communiquer le mouvement aux autres pièces de la platine. Le chien s'abat lentement, la pierre ne frappe plus la batterie avec assez de force; celle-ci ne découvre plus le bassinet, et ne donne pas de feu.

La batterie ne doit s'enlever qu'avec l'aide d'un monte-ressort. Lorsqu'on fait usage, pour cette opération, de la pointe de la baïonnette, on dégrade le bassinet. Lorsqu'on se sert de la baguette, on s'expose à la casser.

La baguette se rompt aussi très facilement, lorsqu'on cherche à la faire plier, parce que la trempe, qui lui donne de l'élasticité, la rend en même temps cassante.

Il est extrêmement nuisible de limer le canon vers la bouche, dans l'intention de faire résonner l'arme ou de placer plus facilement la baïonnette. Cette altération de l'épaisseur du canon, qui s'augmente encore par le ballottement de la douille de la baïonnette, peut mettre bientôt l'arme dans le cas d'être réformée.

Il est très important que les crans de la noix, la griffe du grand ressort, le pied de la batterie, et généralement toutes les articulations de la platine, soient fréquemment humectées avec de l'huile fraîche. Sans cette précaution, une arme dont on se sert journellement est promptement dégradée.

On doit faire beaucoup d'attention à la manière de placer la pierre entre les mâchoires du chien. Le biseau doit être en dessus, et le tranchant parallèle à la face de la batterie ; car s'il était incliné par rapport à cette face, on sent que la pierre ne frapperait que sur une très petite étendue, et qu'il n'en résulterait que très peu de feu, qui pourrait, en outre, n'être pas porté au milieu du bassinet.

Quand la pierre est émoussée, elle ne peut que très faiblement détacher de la batterie les particules d'acier que le frottement doit enflammer pour mettre le feu à la poudre; il faut dans ce cas rétablir le tranchant en frappant sur le bord du biseau supérieur. Il ne faut pas frapper trop fort, afin de ne point détacher de gros éclats, ce qui contribuerait à détruire la pierre en peu de temps.

Lorsqu'une pierre est assez usée pour ne dépasser que d'environ $0^m,007$ (3 lignes) les mâchoires du chien, il faut l'avancer, s'il est possible, ou bien la remplacer.

Le plomb qui enveloppe la pierre ne doit jamais déborder les mâchoires du chien; car si la pierre était usée, ce plomb pourrait frapper la face de la batterie, ce qui occasionnerait des ratés.

Il faut éviter, autant que possible, de démonter les culasses, et il ne faut jamais essayer de le faire en frappant dessus avec un marteau; car les queues de culasse restent marquées par les coups de marteau, elles perdent leur pente, et font ensuite éclater le bois. On ne doit démonter la culasse que pour en retirer une balle qui se trouverait forcée dans le canon; et, dans ce cas, cette opération ne doit être exécutée que par le maître armurier, qui se sert d'un éteau et d'un tourne-à-gauche.

On évitera également, autant que possible, de démonter l'écusson, la goupille du battant, le bassinet et la goupille de la détente, dans le modèle de 1777.

Toutes les fois que l'on cesse de tirer avec un fusil, il est nécessaire que le canon soit lavé. Pour laver le canon, on prend une baguette en fer, à laquelle on attache un morceau de chiffon; on la fait entrer dans le tube après l'avoir rempli d'eau, et l'on frotte jusqu'à ce que l'eau, qu'on renouvelle plusieurs fois, sorte claire. Alors on passe un linge sec dans ce canon, et ensuite un autre humecté d'huile.

Pour ne pas dégrader le bois lorsque l'on en sépare le canon, il faut opérer de la manière suivante :

Toutes les garnitures et la vis de culasse étant ôtées, saisir le bois et le canon, sans serrer avec la main gauche, à six pouces au-dessus de la tranche du derrière ; le canon étant renversé, la bouche vers la terre à environ un pouce du sol, frapper avec la main droite sur la poignée, jusqu'à ce que le canon soit dégagé de son canal; au moment où il se dégage, les doigts de la main gauche le maintiennent, jusqu'à ce que la main droite vienne l'enlever tout-à-fait.

Le poli brillant que l'on exige ordinairement des armes demande de fréquents net-

toyages. Cette opération, qui n'est pas toujours faite avec les attentions convenables,
fausse souvent et use presque toujours le
canon au point de le mettre hors de service
avant le terme de sa durée. Pour éviter, au
moins en partie, cet inconvénient grave, il
ne faut jamais, après avoir nettoyé un fusil
et l'avoir essuyé avec un linge, frotter les
pièces en fer, et surtout le canon, avec de
la cendre, de la craie ou d'autres matières
mordantes (1).

CHAPITRE IV.

TIR DU FUSIL.

Les feux de l'infanterie produisent de très
grands effets, lorsqu'ils sont exécutés avec

(1) Par une circulaire en date du 3 décembre
1825, le Ministre, après avoir fait connaître tous
les inconvénients qui résultent du poli brillant
donné aux armes, contrairement aux règlements
et instructions, a chargé MM. les généraux et
lieutenants du roi de prohiber dans tous les
corps sous leurs ordres le poli superflu, et de
leur enjoindre de se conformer strictement, dé-
sormais, pour le nettoyage des armes, à tout ce qui
leur est prescrit par le règlement du 30 mars 1822
(aujourd'hui 24 septembre 1826), et les instructions
qui y sont annexées (Voir l'art. 57 du règlement).

précision, avec justesse et à une bonne portée ; mais ils sont peu redoutables lorsqu'ils sont multipliés avec précipitation, avec incertitude, et à de trop grandes distances.

Les instructions théoriques et pratiques sur le tir doivent avoir pour objet de former les soldats à exécuter les feux aux différentes distances, de la manière la plus avantageuse, et de mettre les officiers en état de les ordonner à propos.

Dans cette vue, il peut être utile de rappeler ici quelques-uns des principes de la théorie du tir des armes à feu, et les conséquences pratiques qui s'en déduisent.

On considère dans le tir des armes à feu trois espèces de lignes.

Pl. II, fig. 18. 1º La ligne de mire **A B** : c'est le rayon visuel, passant par les points les plus élevés du tonnerre et du devant du canon, et dirigé vers l'objet qu'on veut atteindre.

2º La ligne **C D** : c'est l'axe ou le milieu du canon. Cette ligne représente la direction que la balle tend à suivre à l'instant où, chassée par la poudre, elle sort du canon.

3º La courbe que la balle suit réellement, parce que la pesanteur l'oblige à s'abaisser continuellement par rapport à la ligne de tir, et à s'éloigner de plus en plus de cette ligne, qui est sa direction primitive. La courbe **C E F G** est ce que l'on nomme la *trajectoire*.

Par la construction des canons, en général,

la ligne de mire et la ligne de tir forment entre elles, au-delà de la bouche du canon, un angle A O C, plus ou moins ouvert, suivant l'épaisseur à la culasse et celle à l'extrémité opposée.

La balle, à sa sortie du canon, coupe d'abord en E la ligne de mire à peu de distance de la bouche, passe au-dessus de cette ligne, s'en rapproche ensuite, la coupe une seconde fois en G, et achève de décrire sa trajectoire jusqu'à sa chute.

Ce second point d'intersection est ce qu'on appelle *le but en blanc*. On entend ordinairement, par *portée du but en blanc* d'une arme, la distance de ce point à la bouche du canon, lorsque la ligne de mire est horizontale.

Plusieurs causes peuvent faire varier cette distance, considérée d'une manière générale. Les principales sont : la grosseur de la balle, la charge de poudre, l'inclinaison de la ligne de tir. A la guerre, on emploie constamment les mêmes balles et les mêmes charges ; de ces trois causes de variation, la dernière est donc la seule qui se rencontre. Le calcul et l'expérience démontrent que les effets en sont peu sensibles entre les limites des angles sous lesquels on tire ordinairement. Ainsi, dans le service, la distance du but en blanc peut être regardée comme à peu près fixe, et toujours égale à celle que l'on a appelée *portée du but en blanc*.

On peut tirer de ces observations les conséquences suivantes :

1° Si le but est entre la première intersection et la bouche du canon, il faut viser, c'est-à-dire diriger la ligne de mire au-dessus. (Cette circonstance ne se rencontre jamais dans la pratique, parce que cette première intersection est très rapprochée de la bouche du canon, et que jusqu'à ce point la ligne de mire et la ligne de tir sont presque confondues.)

2° Si le but est entre les deux intersections, il faut viser au-dessous ;

3° Si le but est à l'une des deux intersections, il faut y viser directement ;

4° Enfin, s'il est au delà de la seconde intersection, il faut viser au-dessus.

Pour appliquer ces résultats au tir du fusil français, il convient de distinguer le cas où l'on tire sans la baïonnette, et celui où l'on tire avec la baïonnette.

Fig. 19. Lorsque le fusil est sans baïonnette, l'épaisseur du canon au tonnerre étant plus considérable que les épaisseurs du canon près de la bouche et de l'embouchoir réunies, il en résulte que la ligne de mire A B, dirigée par le point supérieur du tonnerre et par le pied du guidon, rencontre la ligne de tir C D en avant de la bouche. Par conséquent le fusil sans baïonnette a un but en blanc. Ce but en blanc est situé à 116 mètres (60 toises) environ de la bouche du canon, lorsque l'on tire avec la balle et la charge ordinaires. Ainsi le but étant à cette distance, il faudra y viser directement; s'il est plus rapproché, il faudra viser au-dessous; s'il est plus éloigné, il faudra viser au-dessus.

Fig. 20. Lorsque le fusil est garni de sa baïonnette, il n'a pas de but en blanc, parce que l'épaisseur du canon au tonnerre ne surpasse que d'une quantité très faible les épaisseurs réunies de la bouche, de la douille et de la virole; de sorte que la ligne de mire est sensiblement parallèle à la ligne de tir, et que la courbe décrite par la balle est dans toute son étendue au-dessous de la ligne de mire : par conséquent, à toutes les distances où le but se présente ordinairement, dans les circonstances du service, il faut tirer au-dessus pour l'atteindre.

L'expérience a fourni les données suivantes, qui peuvent diriger dans le tir du fusil armé de sa baïonnette.

Pour frapper l'ennemi au milieu du corps, lorsque l'on est sur un terrain horizontal, on doit viser :

Depuis la plus petite distance jusqu'à 98 mètres (50 toises), à hauteur de la poitrine;

Depuis 98 mètres (50 toises) jusqu'à 136 mètres (70 toises), à hauteur des épaules;

Depuis 136 mètres (70 toises) jusqu'à 175 mètres (90 toises), à hauteur de la tête;

Depuis 175 mètres (90 toises) jusqu'à 105 mètres (100 toises), à la partie supérieure de la coiffure.

La portée d'un fusil peut s'étendre jusqu'à 975 mètres (500 toises environ), lorsque l'on tire sous un angle de 25 à 30 degrés ; mais au delà de 195 mètres (100 toises), tous les coups sont très incertains, et c'est jusqu'à cette distance que le feu de l'infanterie est réellement formidable.

Pour que les règles que l'on vient de donner puissent être appliquées utilement, il faut que les tireurs fassent passer le rayon visuel qu'ils dirigent vers le but, par les points les plus élevés du tonnerre et de la virole ; si quelques tireurs, par suite d'une habitude particulière ou par toute autre cause, font passer le rayon visuel au-dessus du tonnerre, alors la ligne de mire accidentelle dont ils se servent fait un angle plus ouvert avec la ligne de tir ; et il est évident qu'ils doivent viser, à chaque distance, plus bas que le point qui est indiqué.

Ces règles s'appliquent également aux feux directs et aux feux obliques sur un terrain horizontal.

Quand on est sur un terrain inégal, on doit, pour les mêmes distances, si l'on tire de bas en haut, viser plus au-dessus du but ; et si l'on tire du haut en bas, moins au-dessus que sur un terrain horizontal. Toutefois ces différences sont peu sensibles, à moins que la pente ne soit très considérable.

Pour mettre les soldats en état de tirer avec justesse, on les exercera à la cible en les plaçant à différentes distances, et en les faisant tirer, suivant ces distances, à la hauteur de la poitrine, des épaules, de la tête et au-dessus (1).

Chaque cible sera un carré long en planches, de 2^m (6 pieds 2 pouces) de hauteur au-dessus de sol, et de 0^m, 57 (1 pied 9 pouces) de largeur. Pour la première partie de l'instruction, l'extrémité supérieure sera supérieure sera marquée par une bande noire de 0^m,08 (3 pouces) de largeur. Au-dessous seront tracées trois autres bandes de même largeur. Ces quatre bandes seront séparées par des intervalles de 0^m, 16 (6 pouces), mesurés de milieu en milieu; enfin une bande semblable et parallèle aux précédentes, sera marquée à 0^m, 89 (33 pouces) au-dessus du pied. C'est cette dernière que les coups bien ajustés devront atteindre ou dont ils devront approcher. A 98 mètres (50 toises), les soldats viseront à la quatrième bande; à 136 mètres (70 toises), ils viseront à la troisième bande; à 175 mètres (90 toises), ils viseront

---

(1) Voir, pour les prix accordés, la circulaire du 15 juillet 1825, et la note qui y fait suite.

en élevant l'arme successivement jusqu'au haut de la cible (1).

Les indications données ci-dessus pourront servir également aux soldats armés de fusils d'infanterie des modèles de 1777 corrigé, 1816 et 1832.

Les soldats armés de fusils de voltigeurs devront avoir l'attention de viser toujours, pour les mêmes distances, un peu au-dessus des points qui sont indiqués pour le tir des fusils d'infanterie.

Lorsque les soldats connaîtront bien les quantités dont les balles s'abaissent aux différentes distances, ils seront exercés à tirer sur une autre cible de même dimension, mais n'ayant qu'une bande noire à 0m, 89 (33 pouces) du pied.

Dans cette seconde partie de l'instruction, ils évalueront eux-mêmes, suivant les distances au but, les quantités dont ils devront viser plus haut que cette bande du milieu, pour l'atteindre.

Ils seront exercés, s'il est possible, à ce tir,

---

(1) Les distances de 80, 120, 160 mètres, seront adoptées pour le tir à la cible avec les mousquetons, dans les corps de l'artillerie et de la cavalerie. (Circul. du 13 mai 1830. Voir pour la prime la circulaire du 15 juillet 1825 et la note qui y fait suite.)

dans les différents terrains, en variant les inclinaisons.

Il faut que les tireurs aient bien soin d'appuyer la crosse contre l'épaule droite dans la position de *joue*, et de bien soutenir l'arme de la main gauche.

Ils doivent s'accoutumer à aligner promptement le tonnerre et la partie la plus élevé de la virole de la baïonnette sur la bande à laquelle ils visent, ne se servant du guidon que pour déterminer la direction de la ligne de mire. On leur fera quelquefois le commandement de *redressez vos armes*, afin qu'ils acquièrent de la facilité à mettre en joue et à ajuster promptement. On leur recommandera aussi de bien appuyer le premier doigt sur la détente pour faire feu, sans remuer la tête ni déranger la direction de l'arme.

Tous les sous-officiers et soldats passeront chaque année à cette école. On notera, dans chaque compagnie, les meilleurs tireurs.

Les recrues de chaque année seront aussi instruits à tirer à la cible, après avoir été exercés à tirer en blanc et à poudre.

La plus grande partie des munitions fournies par les exercices, sera employée au tir à la cible.

On aura soin de faire ramasser les balles que l'on pourra retrouver, afin de les refondre.

Les officiers devront mettre à profit toutes les occasions qui pourront se présenter, soit pendant le temps consacré aux devoirs du service, soit pendant leurs loisirs, pour s'exercer à estimer les distances, et se mettre en état de diriger le feu sous leurs ordres de la manière la plus avantageuse.

Les chefs des corps s'assureront, dans les manœuvres, du degré d'habileté que les officiers auront acquis dans ce genre, et ils en rendront un compte particulier aux inspecteurs généraux.

CHAPITRE V.

DE LA CONFECTION DES CARTOUCHES A FUSIL.

Les cartouches pour les fusils sont des charges de poudre avec balles ou sans balles, renfermées dans des enveloppes de papier roulées sur un mandrin.

Les corps reçoivent, des magasins de l'artillerie, la poudre et les balles accordées pour les exercices. Ils sont chargés de confectionner les cartouches et de se procurer le papier et les ustensiles nécessaires.

Le papier doit avoir du corps ; être bien collé ; d'un grain égal , et doux au toucher. La rame de cinq cents feuilles ne doit avoir que de 5cm, 67 à 6cm78 (26 à 30 lignes) d'épaisseur.

Les ustensiles nécessaires sont :

1° Des tables et des bouts de planche dans lesquels sont pratiquées de petites concavités un peu plus larges que le diamètre des balles, et ayant en profondeur le tiers de ce diamètre ;

2° Des mandrins de 18c,75 (7 pouces) de longueur et de 1c,52 (6 lig. 9 points) de diamètre, lesquels doivent être bien cylindriques et faits avec du bois dur et sec. L'un des bouts doit être arrondi, et l'autre creusé de manière à recevoir le tiers de la balle.

3° Des mesures en cuivre ou en fer-blanc, de la forme d'un cône tronqué ouvert par le haut. La mesure pour les cartouches sans balles, doit, étant comble, contenir la 120e partie d'un kilogramme (1/60 de livre) de poudre). Celle pour les cartouches à balles doit, étant comble, contenir la 80e partie d'un kilogramme (1/40 de livre) de poudre (1) ;

---

(1) Le Ministre a fixé ainsi qu'il suit les charges de poudre qui devront entrer dans les cartouches des armes à feu portatives confectionnées avec la balle de 0,0163 (7 lignes 3 points), et destinées aux troupes pour le tir à la cible ; savoir :

Pour le fusil { d'infanterie. ou de voltig. 10 gr. 51 ou 95 au k. / d'artillerie, 7 93 126 id.

Pour le mousqueton et le pistolet de cav., 5 26 190 id.

Quant à la cartouche du pistolet de gendarme-

4° **De** petits entonnoirs dont la douille peut entrer facilement dans l'ouverture des cartouches ;

5° Des barillets pour contenir la poudre et les balles, et des caisses sans couvercle pour recevoir les cartouches roulées et non remplies, que l'on y pose verticalement.

Le papier que l'on emploie ordinairement à 35c18 (13 pouces) de hauteur et 45c29 (16 pouces de largeur.)

On le coupe de deux manières différentes, selon qu'on doit l'employer à faire des cartouches sans balles ou des cartouches à balles.

Lorsque l'on doit faire des cartouches sans balles, on plie le papier en quatre dans sa largeur, perpendiculairement au plus grand

---

rie, dont la balle est d'un calibre particulier, elle aura la charge de 2 grammes ou 500 au kilogramme.

Dans le cas où l'on emploierait encore la balle de 20 au demi-kilogramme pour épuiser les approvisionnements existants en balles de cette espèce, les charges devront être :

Pour le fusil { d'infanterie ou de voltig. 11 gr. 50 ou 86 au k.
{ d'artillerie, 8 63 114 id.

Pour le mousqueton et le
Pistolet de cav., 5 75 173 id.

Les dispositions qui précèdent seront mises à exécution dès ce moment. (Circulaire du 7 avril 1830)

côté, puis chaque quart en deux dans sa hauteur, et chaque moitié du quart en deux par une diagonale qui prend depuis 5c,86 (2 pouces 2 lignes) de l'angle supérieur de la gauche jusqu'à 5c,86 (2 pouces 2 lignes) de l'angle inférieur opposé à la droite. De cette manière, chaque feuille se trouve coupée en seize parties, et chaque partie avec laquelle on fait une cartouche, est un trapèze de 10c,83 (4 pouces) de hauteur, dont une des bases à 11c,50 (4 pouces 3 lignes), et l'autre 5c,86 (2 pouces 2 lignes).

Lorsque l'on doit faire des cartouches à balles, on plie la feuille de papier en trois dans sa largeur, perpendiculairement au plus grand côté, puis chaque tiers en deux dans sa hauteur, et chaque moitié du tiers encore en deux par une diagonale, comme ci-dessus. Chaque feuille se trouve ainsi coupée en douze parties, et chaque partie, avec laquelle on fait une cartouche, est un trapèze dont les bases sont les mêmes que celles du trapèze des cartouches sans balles, et dont la hauteur à 14c43 (5 pouces 4 lignes.)

On emploie aussi avec avantage le papier ayant 43c29 (16 pouces) de hauteur et 52c,10 (19 pouces 3 lignes) de largeur. La manière de le plier pour faire des cartouches sans balles et à balles diffère peu des précédentes. On tire le même nombre de trapèzes; seulement les dimensions de ces trapèzes sont un peu plus fortes.

Pour faire une cartouche sans balle, on place le mandrin sur le papier, de manière que son extrémité arrondie soit du côté de la plus grande base du trapèze ; on roule alors fortement le papier sur le mandrin, en commençant par le côté qui fait angle droit avec les bases. On en laisse passer, du côté de la plus grande base, environ 1c35 (6 lignes), qu'on plie et qu'on arrondit sur l'extrémité du mandrin, au moyen de la petite concavité pratiquée dans la table sur laquelle on travaille, ou dans une petite planche. Après avoir retiré le mandrin, on verse dans la cartouche la quantité de poudre déterminée, et on plie le papier le plus près possible de la poudre.

Pour faire une cartouche à balle, on met la balle dans la cavité du mandrin ; on la place comme il vient d'être dit pour l'extrémité arrondie du mandrin, et on roule fortement le papier dessus, en opérant comme pour la cartouche sans balle.

On s'assure de la justesse des cartouches en les faisant passer par un bout de canon du calibre de 7 lignes 9 points au plus.

On en fait des paquets de quinze, opposant alternativement les côtés des balles, et les enveloppant avec une feuille de papier qu'on replie des deux bouts, et qu'on lie avec de la ficelle passée en croix sur le milieu de la hauteur et de la largeur.

Dix hommes, le papier étant coupé, peuvent faire dix milles cartouches en un jour, en travaillant pendant dix heures.

Six hommes roulent et placent dans les caisses les cartouches vides verticalement, les unes à côté des autres. Deux hommes remplissent les cartouches ainsi disposées, et plient le papier au-dessus de la poudre. Deux hommes font les paquets.

Nota. Un nouveau procédé pour faire les cartouches à balles, adopté provisoirement par Son Exc. le Ministre de la guerre, offre l'avantage de les vérifier en même temps qu'on les confectionne, et de les rendre en général mieux faites et plus solides.

D'après ce procédé, on emploie *des dés*, et l'opération s'exécute de la manière suivante : Après avoir roulé le papier et l'avoir replié sur la balle, comme il a été dit plus haut, on retourne le mandrin, de manière que la balle soit en l'air et que l'extrémité arrondie porte sur la table ; on coiffe la cartouche avec un *dé*, et l'on frappe deux fois sur la table, en appuyant sur le *dé*. On retire alors le mandrin, et l'on termine la cartouche suivant la manière ordinaire.

Paris, le 24 septembre 1826.

Le Min. Secrét. d'Etat de la guerre,

Mis DE CLERMONT-TONNERRE.

Pour ampliation,

Le Secrétaire général,

Bon DE BEAUVERT.

TIR
A LA CIBLE.

ANALYSE DES PRINCIPES DU TIR A LA CIBLE.

Modèle de cible.

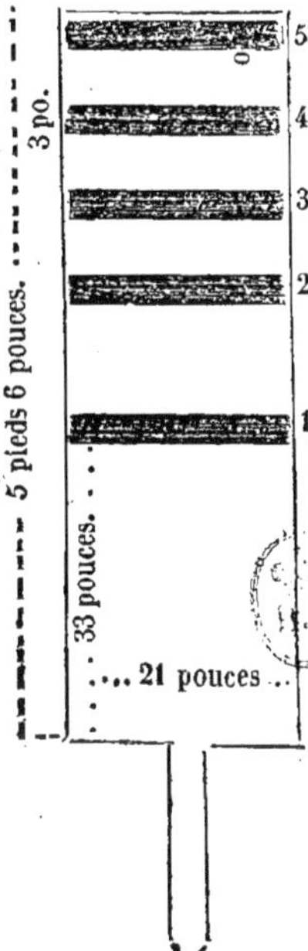

5⁵ bande, représente la coiffure.

4ᵉ bande représente la tête.

3ᵉ bande représente les paules.

2ᵉ bande, représente la poitrine.

1ʳᵉ bande, représente le bas-ventre, et c'est là que les coups bien ajustés doivent porter.

5 pieds 6 pouces. — 3 po. — 33 pouces. — 21 pouces.

1ʳᵉ Distance. 50 toises ou 150 pas (1).

Quand le fusil est *sans baïonnette*, il faut viser au but en blanc (2ᵉ bande); *avec la baïonnette*, il faut viser au-dessus.

2ᵉ Distance. 70 toises ou 210 pas.

On vise à la 3ᵉ bande (les épaules) pour atteindre la 2ᵉ (la poitrine).

3ᵉ Distance. 90 toises ou 270 pas.

On vise à la quatrième bande (la tête) pour atteindre la 2ᵉ (la poitrine). — Quand l'homme a mis trois balles, il passe à la quatrième.

4ᵉ Distance. 100 toises ou 300 pas.

On vise à la cinquième bande (partie supérieure de la coiffure) pour frapper la 2ᵉ (la poitrine). — L'homme qui a mis quatre balles à cette distance est exempt d'aller au tir. — Jusqu'à cette distance, le feu de l'infanterie est formidable.

(1) Au delà de la quatrième distance (100 toises), on vise au-dessus de la 5ᵉ bande (coiffure) pour frapper la 1ʳᵉ (bas-ventre). — La portée du fusil peut s'étendre jusqu'à 975 mètres ou 500 toises environ, mais les coups sont incertains.

DIMENSIONS D'UNE CIBLE.

Le tir à la cible est une des parties les plus essentielles de l'instruction militaire ; aussi MM. les officiers et sous-officiers doivent en connaître la théorie, afin d'instruire les hommes qu'ils commandent.

La hauteur d'une cible est de 5 pieds 6 pouces ; elle a 21 pouces de large.

On trace dessus cinq bandes de 3 pouces de large, et chacune d'elles représente une partie du corps, ainsi qu'il est indiqué au modèle.

Les bandes n°⁵ 2, 3, 4 et 5, sont séparées de 6 pouces, dimension prise du milieu de la petite bande.

La bande n° 1 est tracée à 33 pouces au-dessus du bas de la cible.

Lorsque les hommes connaîtront bien la portée de leurs armes, et de combien les balles s'écartent de la ligne de *mire* aux différentes distances, on les exercera à tirer sur une cible de même dimension, mais n'ayant qu'une bande noire au milieu ; alors chaque homme évaluera, suivant les distances du *but*, les quantités qu'il devra viser plus *bas* ou plus *haut* que cette bande du milieu.

Il faut aussi exercer les hommes à tirer

dans des terrains plus ou moins accidentés, afin de varier les inclinaisons.

Les recrues doivent aller au tir à la cible aussitôt qu'elles savent exécuter toute l'*École du soldat*, et qu'elles auront été exercées à tirer au *blanc* et à *poudre*.

Chaque année il est accordé soixante cartouches à balles par homme pour cette instruction.

DISPOSITIONS PRÉPARATOIRES
POUR LE TIR A LA CIBLE.

1. Il sera donné cinq à six cartouches par homme, et une pierre à feu par vingt cartouches, sur *bons* signés par le chef de compagnie.

2. Chaque homme aura dans sa giberne ses cartouches, son nécessaire d'arme et une pierre de rechange ; son épinglette doit être en bon état ; les caporaux auront le monte-ressort.

3. Arrivée sur le terrain, la compagnie se placera en bataille face à la cible, et à quelques pas en arrière de la première distance.

4. Un sous-officier avec un fanion et un tambour vont se placer dans un *trou* éloigné de la cible, et construit de manière à éviter les accidents.

5. Pendant ce temps le chef de compagnie fait ouvrir les rangs, et avec ses officiers de section inspecte promptement le placement des *pierres*, les *lumières*, et s'assure que toutes les cartouches sont dans la giberne. On serre les rangs, et le chef de compagnie rappelle aux hommes les premiers principes du tir ainsi qu'il suit :

1° De bien appuyer la crosse contre l'épaule droite, dans la position de joue ;

2° De bien soutenir l'arme de la main gauche ;

3° D'aligner promptement sur la *bande* à laquelle on doit viser en raison de la distance ;

4° D'appuyer fortement le premier doigt sur la détente, sans remuer la tête ni déranger la direction de l'arme.

Cette théorie faite, les hommes qui sont déjà aux deuxième, troisième ou quatrième distances, s'y rendent en *silence* et y attendent de nouveaux ordres. On ne passe à chaque distance qu'après avoir mis trois balles dans la cible à chacune d'elles, et l'homme qui a mis quatre balles à la quatrième distance, est exempt d'aller au tir jusqu'à nouvel ordre.

6. Personne dans une compagnie ne doit être exempt de cet exercice.

7. Les échanges d'armes sont défendus.

8. Les armes se chargeront au commandement d'un des officiers; l'on recommandera de ne bourrer que *deux* fois.

9. Pour commencer le feu, la première file se portera à la distance prescrite, et là chaque homme tirera à volonté; après son feu il fera à-gauche, et ira reformer un nouveau peloton derrière le premier, sous la surveillance d'un sous-officier; les hommes auront l'arme au bras et garderont le silence.

10. Si une arme n'a pas fait feu, l'homme réarmera, tirera de nouveau, et si l'amorce brûle sans faire partir le coup, l'homme passe à droite, où il épinglera et amorcera de nouveau, le bout du canon en l'air; cet homme viendra prendre la gauche de la file qui tire.

11. La première cartouche étant tirée par tous les hommes de la compagnie, un des officiers fera charger les armes, et ainsi de suite jusqu'à la dernière cartouche.

12. Il est établi dans chaque compagnie un contrôle contenant tous les noms des hommes, et sur lequel on indique à chaque distance les hommes qui ont atteint la cible. Cet état est conservé d'une inspection à à l'autre, et sera consulté toutes les fois qu'on aura à nommer des grenadiers ou voltigeurs.

13. Les cartouches étant brûlées, la compagnie se réunit, le chef fait ouvrir les rangs, inspecte promptement l'intérieur des gibernes et les armes, en faisant mettre la baguette dans le canon, serrer les rangs, et rentre en ordre à la caserne où il prescrit le lavage des armes.

14. L'officier supérieur qui préside au tir à la cible, ou celui qui le remplace, reçoit sur le terrain, de chaque chef de compagnie, la situation numérique et graduelle des hommes présens au tir ; cette situation est remise à l'officier chargé de la distribution des cartouches, et elle sert de base de vérification avec le bon de réception : dès lors on sait s'il y a des cartouches à rendre ou à payer.

Imprimerie de G.-LAGUIONIE et comp.,
Rue Christine, 2.

lignes, à demi-distance.

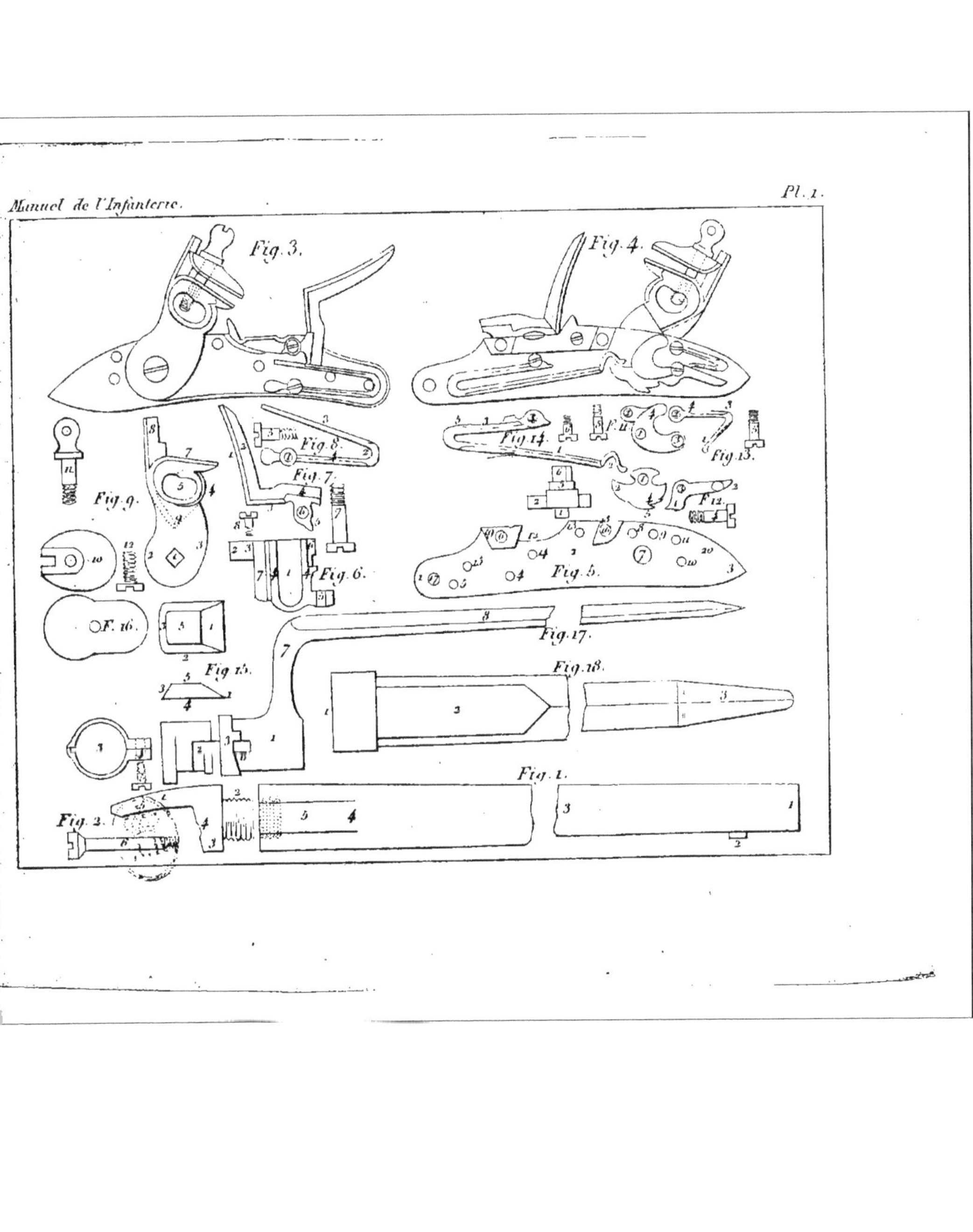
Fig. 3.
Fig. 4.
Fig. 8.
Fig. 7.
Fig. 9.
Fig. 6.
Fig. 14.
F. 11.
Fig. 13.
F 12.
Fig. 5.
Fig. 17.
Fig. 18.
F. 16.
Fig. 15.
Fig. 1.
Fig. 2.

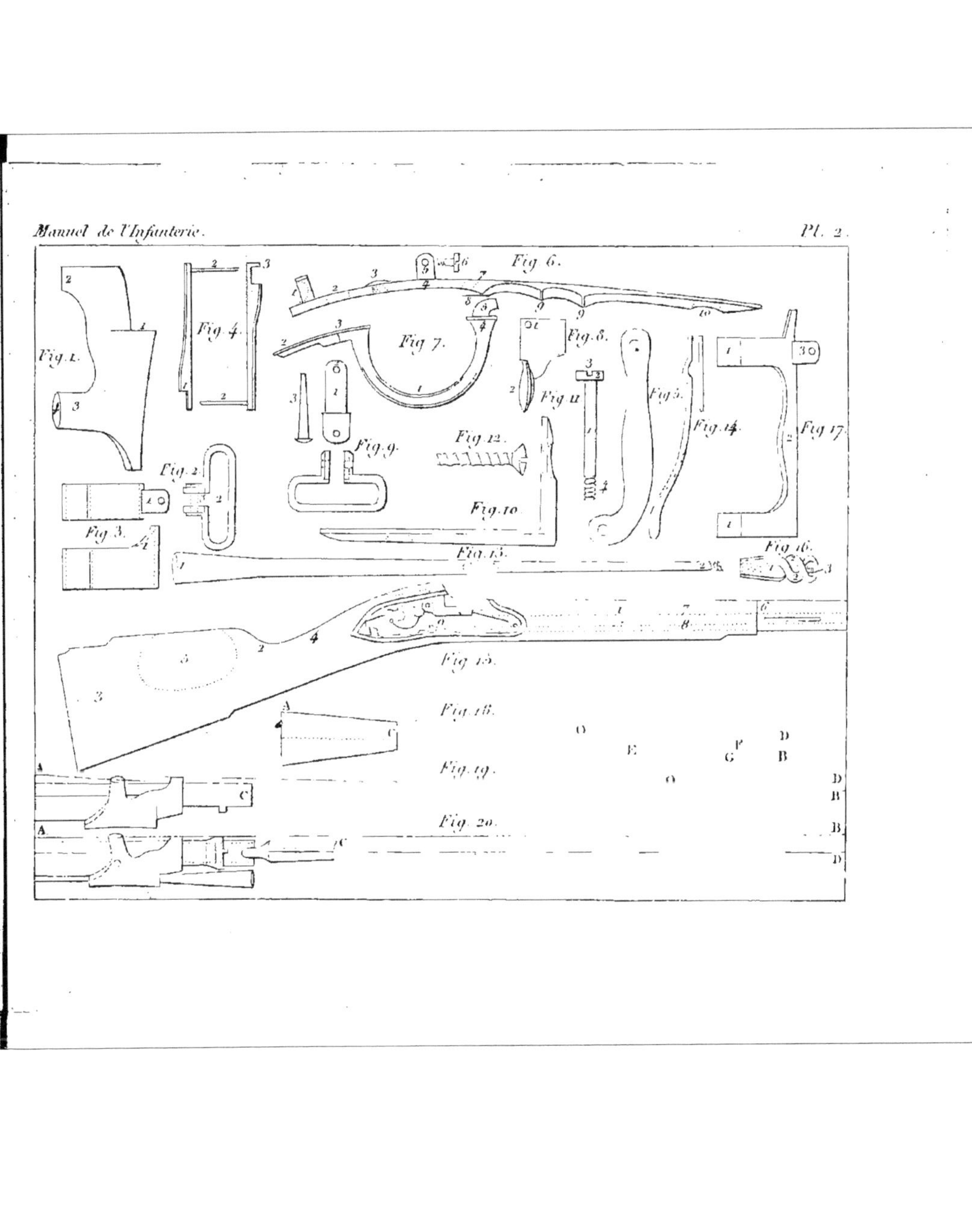
Fig. 1.
Fig. 2.
Fig. 3.
Fig. 4.
Fig. 5.
Fig. 6.
Fig. 7.
Fig. 8.
Fig. 9.
Fig. 10.
Fig. 11.
Fig. 12.
Fig. 13.
Fig. 14.
Fig. 15.
Fig. 16.
Fig. 17.
Fig. 18.
Fig. 19.
Fig. 20.

Fig. 1.   Fig. 2.

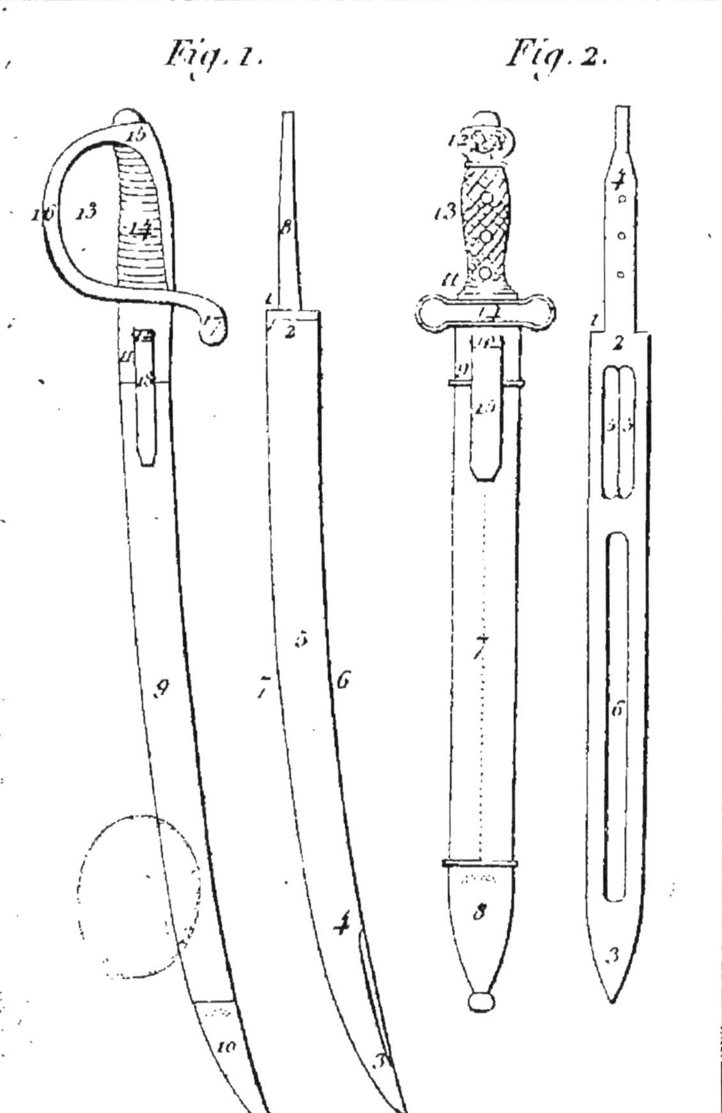

du terrain en arrière.

escadrons à gauche, et changer ensuite de direction à droite, en marchant.

Il est dit aussi dans les observations, que si l'on veut exécuter le changement de front sur quatre lignes à demi-distance, ou à distance entière, la première change de front comme il est indiqué pour la première ligne, et les trois autres comme il est prescrit pour la deuxième. Les lignes devant se retrouver à la même distance entre elles après le changement de front, le commandant de chacune des trois dernières lignes calcule la distance qu'il doit garder, soit pour désigner l'escadron de formation, soit pour reprendre du terrain en arrière.

9 782019 966508